LOCUS

LOCUS

謹以此書
獻給世上所有的領袖，
和即將成爲領袖的人。

——溫世仁

領袖

溫世仁著・蔡志忠繪圖・侯吉諒整編

明日工作室

侯吉諒
劉叔慧
侯延卿
鄭瑜雯
楊雅雯
劉叔秋

聯合製作

心觀念 tomorrow 06

《領袖》

溫世仁著・蔡志忠繪圖・侯吉諒整編

流程控制：楊雅雯・劉叔慧
製作：明日工作室

法律顧問：全理法律事務所董安丹律師
出版者：大塊文化出版股份有限公司
台北市105南京東路四段25號11樓
讀者服務專線：0800-006689
TEL：(02) 87123898　FAX：(02)87123897
郵撥帳號：18955675　戶名：大塊文化出版股份有限公司
www.locuspublishing.com
e-mail:locus@locuspublishing.com

總經銷：大和圖書有限公司
地址：台北縣三重市大智路139號
TEL：(02) 9818089 (代表號)
FAX：(02) 9883028 9813049

初版一刷：1998年2月　Printed in Taiwan
初版 6 刷：2004年 2 月

定價：新台幣150元　ISBN 957-8468-72-5

明明德　日日新

明日工作室宣言

歷史的演變和進動，人，是最大的因素。任何創造或毀滅，成功或失敗，都源自於人和人的行爲。挑戰自己的極限，朝更美好的未來邁進是人類的天性。

試圖擺脫自己個人狹隘的自我、血統、地域的觀念囚牢，而令自己能自由地通行於時空之中不爲其所困囿，打造出更美好的明天和未來，相信這是所有人類共同的期望，而這也就是我們成立明日工作室的原因。明日工作室集合了很多優秀的人才，成立了專業寫書、著作的團體。期望能寫出一些對人類的未來和理想有益的書。

明日，有兩種意思。

一個就是明天TOMORROW，未來的理想、目標像似很遙遠……而明日，就比較眞實，人人都能比較清楚的掌握。我們要打造美好的明天，今天就應該開始做。

明日的另外一個意思是『明明德、日日新。』

明明德，就是知道過去、未來；知道倫理、文化和世間的規則；知道理想、目標。善用過去原本具有的知識、智慧等人類的共同資產，並遵循久遠以來的道德規範。

日日新，就是每天除去一些過去的錯誤觀念與缺點，每天學得新知識、技能，使自己慢慢朝向更完善的境界更接近一點點，向更美好的光明未來進化、躍昇。

就像三百多年前牛頓曾說：『我會有少許成就，是因爲我正踩在巨人的肩膀上。』過去人類所積累的知識和無數的智慧結晶，是人類的共同資產，也是牛頓所說的巨大的肩膀。明明德就是有效的運用巨人的肩膀，並遵奉過去所傳承下來的良好道德規範。日日新就是日復一日永續地朝向更美好的明日邁進，以上是我們成立明日工作室的理想，也是我們寫作出書的方針，歡迎有志一同的人加入明日工作室，來和我們一起共同「打造美好的明日」。

明日工作室

專業寫作公司

創 辦 人	溫世仁　蔡志忠
副總經理	侯吉諒
主　　編	劉叔慧
編　　輯	侯延卿　楊雅雯
	劉叔秋　張成華
	姚人瑋
助理編輯	莊琬華
助理秘書	李雨澄

電話：02-25703668

傳眞：02-25790449

郵政信箱：台北郵政36-403號信箱

E-mail：futurism@m2.dj.net.tw

網址：www.tomorrowstudio.com.tw

一九九八年，電影奧斯卡頒獎典禮上，最大的贏家《鐵達尼號》的導演卡麥隆上台領獎時，在台上亢奮地高喊：「我是世界之王！」

不論後世將給予《鐵達尼號》何等評價，對於科梅隆先生的成就，我絕對肯定，並且相信他一定深諳「王者之道」，因為，王者才有能力率領追隨他的團隊，帶引他們至世界高峰。

I am the King of the world.

領袖

王者之道

【告別犬科社會】

每個人都有義務使自己成為一個好的領袖人才，以用來領導追隨自己的團體，甚至這個團體的尺度只是小到自己的身體而已……

從前二十世紀是個犬科時代，人大多附屬於團體之中，是團體的一份子。未來二十一世紀，是個貓科時代，人人都要變成有實力的個體，而由自己的大腦來領導自己的身體。

領袖，是由自己的腦來領導手腳行動、進出的決策能力。無論我們是否要成立公司團體，或只是當一個有實力的個人，都有必要使自己成為一個有能力的領袖，來領導自己的公司團體，或只是單純的領導自己的身體、手、腳的行動。

從前個人的命運總是操之在自己所屬的國家、公司等大中小的各級不同尺度的團體，隨著世紀的轉換，現在個人的前途未來則操之在己——在自己的大腦領袖裡。

以往，我們或許只是團體中的一個小成員，沒有機會可以充分地扮演決策下達指令的角色；將來，每個人要扮演自己前途的大腦決策者的機會愈來愈多了。如果我們無能領導自己，或領導追隨自己的小小團體裡的全部成員，那麼將會使自己或自己所隸屬的團隊陷入被時代淘汰的絕境。因為未來的法則是：「你行，你便更有機會行；你不行，你便更沒有能力行。」

從前二十世紀，是個犬科社會的世紀。犬科世代是一種垂直縱向的合作團體，講究的是階級服從、紀律與秩序。合作的是由上而下的賜予關係。

未來二十一世紀，是貓科世紀。

貓科時代最重大的不同，是講究個人實力。

未來的合作關係並不是由於我們自己服從、聽話和價格要求比別人低；而是因為我們自己有實力，在本行的專業領域裡的能力是世界中最高，水準是世界第一，因此才會被別人選中納入為平行合作的伙伴。

我們能成為全世界菁英團體中的一份子，不是由於自己有關係，而是由於自己的實力。

目錄

明日工作室宣言 5
告別犬科社會 10
迎接貓科時代 17
序1 符合中國性格的成功哲學／林洋港 18
序2 王者之道／蔡志忠 22

第一章：開宗明義篇 45

領袖 46
孫子的故事 49
道 64
天 65

地 66
將 69
法 70

第二章：領袖三心 73

寬廣的心 74
無私的心 76
全投的心 79

第三章：領袖五德 81

智 84

信 88
仁 91
勇 100
嚴 105
五德的平衡 113

第四章：領袖的工作4P 121

Policy 122
People 124
Property 126
Public impression 127
除了4P，什麼都不能做 128

第五章：領袖如何面對問題和困難 135
問題與困難 136
克服困難的步驟 137
成功哲學與成功者哲學 145
結語 148

【迎接貓科時代】

做為一個國家級團體的領袖，必須要更英明、聰慧且更有能力，因為這時的物競天擇生態法則的速率將一百倍於前一個世紀。

因為一個犬科的頭一定無能領導貓的身體。因為別人不再會由於只是我們服從、聽命於上，便將我們納入成為他的身體，而是由於我們自己有一等一的真實力。

——摘自貓科宣言

【序1】符合中國性格的成功哲學

林洋港
（林洋港，海和會、明德安和基金會董事長）

以一位現代企業的經營者來說，溫世仁先生對中國古典書籍涉獵的深廣，實在是令人感到非常的驚訝。這一點，大概是讀者們在讀到《領袖》這本書的時候，很難避免的感覺，事實上，這也是洋港相當佩服的地方。

洋港覺得，溫世仁先生不但讀古書，而且眞的做到了讀得很活的地步，就像本書中提到孔子去見老子的時候，老子告訴提醒的話：你固然學問很好，但更重要的是，讀古書要得活。

以前老蔣總統中正先生，最喜歡把智、信、仁、勇、嚴這五個字寫在軍中醒目的地方。老實說，以前我並不十分了解這五個字的深意，讀了《領袖》這本書之後，我才算是對這五個字有深入的理解，並且明白這五個字對任何組織的領導者來說，具有非常重要而正確的意義。

當然，最重要的是，經營現代企業、領導企業成功的諸多因素，溫世仁先生都觀察入微、體悟深刻，並且用深入淺出的道理，讓任何人，不論有無領導的經驗，都可以在閱讀之後，立即擁有微妙體會。

比如說，在講到領袖工作是四P，其中關於如何

管理一個公司的資產(Property)，有許多道理就是我從來沒有想過的。像他把人的資產、信用資產這些有形無形的資產清楚的表達，就讓我受益良多。現在我們常常聽到有人說一個公司要如何重視智慧財產、如何加強管理等等，似乎都只是片斷的說法。

同時，他把領袖的類型，分成「聰明而懶惰、聰明而勤勞、不聰明而懶惰、不聰明而勤勞」四種，相信很多讀者看了以後，一定都有會心的體會。用這四種類型來「檢查」領袖的特質，對領袖自己，或被領導的人來說，都有很好的啓示，洋港覺得，這實在是很不平凡的見解。

洋港忝爲中國儒家哲學的奉行者，深深覺得，溫世仁先生這本《領袖》，實在是最符合中國人性格、深具現代精神、活用科學方法的成功哲學，相信大家只要能夠細心咀嚼書中所提的各種觀念，必定在領導方面有長足的進步，甚至在平常待人處事上，也可以有很好的幫助。

漫畫大師蔡志忠先生對中國古代經典的研究，也是大家有目共睹的，他的漫畫使許多人對中國經典重新發生興趣，並且在他絕妙的漫畫中，得到許多啓發，由他來爲《領袖》作視覺的闡釋，相信可以更增加讀者對領袖本質的領悟，我很高興有機會爲這本書寫幾句話。

【序2】王者之道

蔡志忠
（蔡志忠，世界知名漫畫家）

「夫仁、義、禮、智、信五常之道，王者所當修飾也。」

——西漢・董仲舒《舉賢良　對策一》

回教有一支實行苦行的蘇菲教派，當苦修者悟道之後，他就成爲一個蘇菲——眾人的指導老師。

有一天一位蘇菲帶領了一群弟子，走向充滿沼

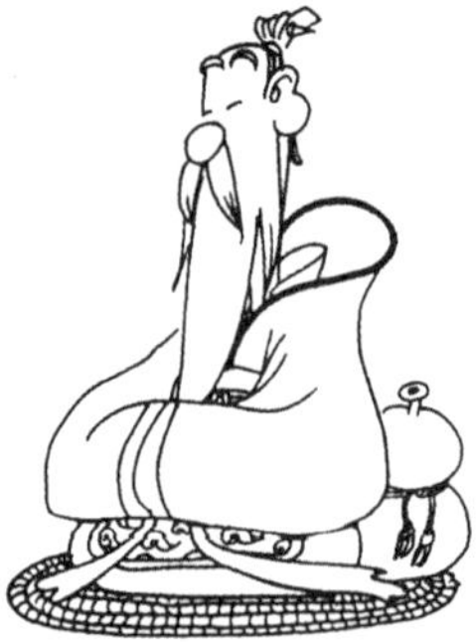

澤的森林裡修行，這時，蘇菲看到一位獨自修行的人在前面獨行。

蘇菲對著那位修行人高喊說：「嘿，人啊，你要小心哦！這個地區充滿了沼澤，你若不小心，一個步子踩錯了的話，可就會陷進泥沼中沈淪，而命喪黃泉。」

那個人不疾不徐地回答蘇菲說：「你啊！你才要小心呢！我一個人獨行，如果踩錯了步子慘遭沈淪而滅頂，受害的只是我一個人。你呢，卻帶領著一批人，如果踩錯了步子，走錯了路，被害死的可是一大批人啊！」

人要爲自己的行爲承擔後果，一個人走錯路會害了他自己，而做爲一個領導人如果走錯了路，則會害慘了跟隨他的所有人。

因此，做爲一個導師、大家長、領袖級的人物，他在承諾重任時，得要眞正想清楚，千萬別有爲了一己之私而造成一將功成萬骨枯的自私想法。

從小到大的生長過程中，我們一直都在學習歌頌領袖的偉大和名臣、名將、名帥、名主的豐功偉業。當然，我們也由衷地感佩他們的成就。但，又有誰能在他們建立這些功績之前，替我們這些萬骨枯的基層人員說出心聲？好像那位在森林裡的獨修者，爲蘇菲身後的所有追隨者們說出了他們的心聲？因爲這一大批追隨者，將來的命運如何，完全交付於他們所追隨的領導人。

領導人走的路徑的對、錯、好、壞，決定了追隨者的未來前程和生死。

在過去歷史中，人們從不談失敗的領導人和依附於他的團體，而光是談成功的部分就夠我們爲那些替主帥們捐軀的萬骨垂淚，因爲我們並沒有眞正看到名將、名帥、名主們在行動之前是否眞考慮他們的利益。

孫子是其中唯一的例外，《孫子兵法》裡所談的，除了打勝仗的方法之外，諸多是爲部下的安、危、全、破考慮，孫子十三篇裡，幾乎有三分之一的篇幅都用在考慮是否會危及團體，而不打沒有必要的仗，造成沒有必要的生死。

帶領一萬多員工的溫世仁先生，他的確夠格做爲一個領導人。溫先生能帶領整個企業走向光明更美好的未來，大概與他深諳孫子兵法與儒家思想有很大的關係。

《孫子兵法》是外交與國防對外的攻防之書，但其中也包含了很大篇幅的如何編整團體、管理、評估、決策和命令的執行。

而儒家思想所談的則是屬於團體裡的內政問題，個人在團體裡所應該扮演的角色分際，人與人相互之間的交往合作的關係，個人與上司及下層如何行爲和個人與其所司的職位應該如何發揮及不可潛越的界線。

孫子思想與儒家思想都有對如何做一個領導人的要求，有明確的準則，而他們與道家思想所要求的也相差不多，中國的三種思想對領導人的要求是：

智、信、仁、勇、嚴——孫子思想。

仁、義、禮、智、信——儒家思想。

聖、勇、義、智、仁——道家思想。

走筆至此我終於完全明白溫先生爲何能成爲一個優秀領導人的原因了，因爲溫先生是個孝順的人，他不願辜負父親對他的期許，也完全遵守當初父親親自爲他所取的名字行事。

溫先生有四個兄弟，而他的父親分別爲他們命名爲仁、義、禮、智，相信如果有第五個兄弟一定會取名爲「信」。

仁、義、禮、智、信就是儒家思想對如何做一個領導人的五項要求，也就是上對下的「五常」。

三綱、五常是個人置身於團體中所應遵奉的行爲準則。

三綱就是由下對上所應依據的綱領，五常是由上對下所應遵行的常理。

中國古代的服裝上身有以手工量身裁製的縫合的叫做「衣」，下服是由一塊巾所圍繞而成的叫做「常」。

上服曰：衣

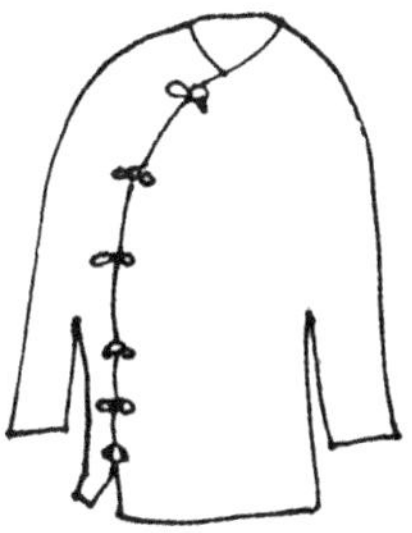

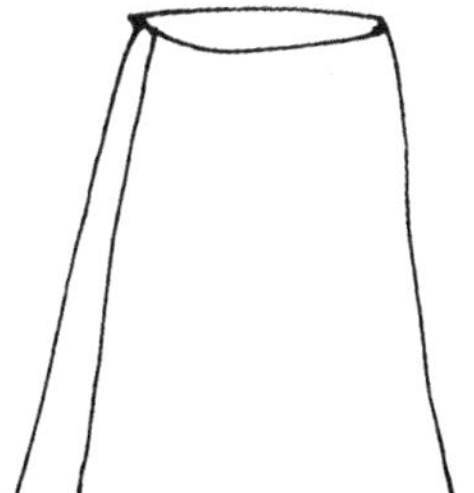

下服曰：常

因此引伸爲由下而上遵循的叫做「衣」——行之依據，由上而下的叫做「常」——遵行之常理。

由下而上依領爲綱的有三綱，「三綱者，何謂也？君臣、父子、夫婦也。」

君爲臣綱、父爲子綱、夫爲妻綱。

臣要遵循君所頒的指令，子要遵行父所訂的規矩，妻要跟隨夫的腳步，這便是古代中國社會中三種主要的倫理道德關係。

五常者是爲上者對下層所應遵行的常理。

「仁」　仁，就是並排陳列，把下屬當作與自己同等的個體，尊敬他們也是別人之父、之子、之夫，是個獨立自主應該尊重的完整之人。

「義」　義，就是爲對方拔除痛苦，對方有難，義不容辭地站在他的前面爲他抵擋危難。

「禮」 禮，就是雖然在團體之中每個人所司之職，有職務上的高低，但司其職的各層人員本身並沒有因職務的高低而造成尊卑之分，大眾只是在其位守其政而已。

因此在上位者應以禮相待於在下位者，而不可自大地視其他人爲卑下。

「智」 智，就是做爲領導人的分析、評估、決策所下達的行爲指令，直接影響到團體的成敗和團體中所有成員的未來安危。

因此，他必須有大智慧才能做首腦，才不會將眾人帶領至死地。

「信」 信，就是領導人所制定的法治、獎懲要嚴格執行，不可以隨便依個人的好惡而有所偏差。

由上而下所頒佈的命令要貫徹到底，領導人所曾經允諾的事，也要確實守信辦到。

以上這五點，就是儒家思想對團隊的領導人所要求的五常之道。

溫先生是長子，父親命名爲「世仁」，「世」是時間上的傳承，傳承了古代所傳下來的「仁」道精神。而溫世仁先生最爲我所敬佩之點正是待人予仁之道，給予別人最大的空間和最平等待遇，這也正是我一直要向他學習的地方。

以仁待人，以仁待全體團隊中的任何成員，這正是溫先生能成爲一位成功領導者的過人之處。

《孫子兵法》裡的王者所應當脩飭的王者之道，溫先生比我還懂，大家就詳細地閱讀本書，慢慢欣賞溫先生對於孫子兵法多年研究所得的精華。

我個人倒是對道家老子、莊子的思想有比較深入的研究，因此我就以莊子思想裡的一篇盜亦有道的漫畫做爲這篇序言的結束。

讀者也許會覺得納悶，盜寇之道怎能做王者之道的參考？

其實自古至今的歷史裡，我們不難理解黑社會組織結構的嚴謹程度約十倍於政治團體的結構，因為他們組織裡，由上至首領，下至老么，都以組織的利益為第一優先，賞與罰也十分精確公平。絕不像政治團體的首腦一樣，常依個人的好惡而賞罰不公，也因而造成有過不罰，有功無賞的功過混淆的模糊狀態，讓小人在王的身邊有混水摸魚、濫竽充數、諂媚逢迎謀取利益的機會。

長久以來我一直對楚漢相爭最後的結果感到不解，論實力、才華和一切條件相加，劉邦是遠遠不如楚霸王，甚至到了最後階段，楚霸王也輕易地拿下垓下，火燒咸陽；在鴻門宴裡，雖然沒按謀士之計將劉邦置之死地，但也將他外放關中，實力無論如何也不能與當時的楚霸王相比。

在我畫完了莊子的「盜亦有道」之後，終於眞正明白了其中的道理。漢能戰勝楚，正由於一個行政治團體的王者之道，而另一方則實施了盜者之道。

項羽從小就生長於正宗的地方勢力下，所施行的王者之道應無異於一般的政治團體，其中必有相當多的個人主義，乃至造成賞罰無法確實公正，因而失去了名將功臣的向心力。

而劉邦從小就是地方的小流氓，由小混混、小無賴做起，他所實施的王者之道必無異於黑社會盜寇的管理，確實做到有功必賞，有過必罰，唯人是用，以組織利益爲第一優先的公平正義結構。因而才能聚集眾多人才和相同目標的有志之士。當初蕭何夜追韓信時，他心中所考慮的，也無非是不想失去韓信而減低了團體的實方，這股處處以團體考慮的無私精神，所造成的向心力，是非常可觀的，

乃至最後，才能輕易地打敗楚霸王這個看似無可撼動的強敵。

因此，要做爲一個優秀的領袖，除了向孫子、儒家學習之外，更有效之方不如向盜跖的盜亦有道的盜之王者之道學習。

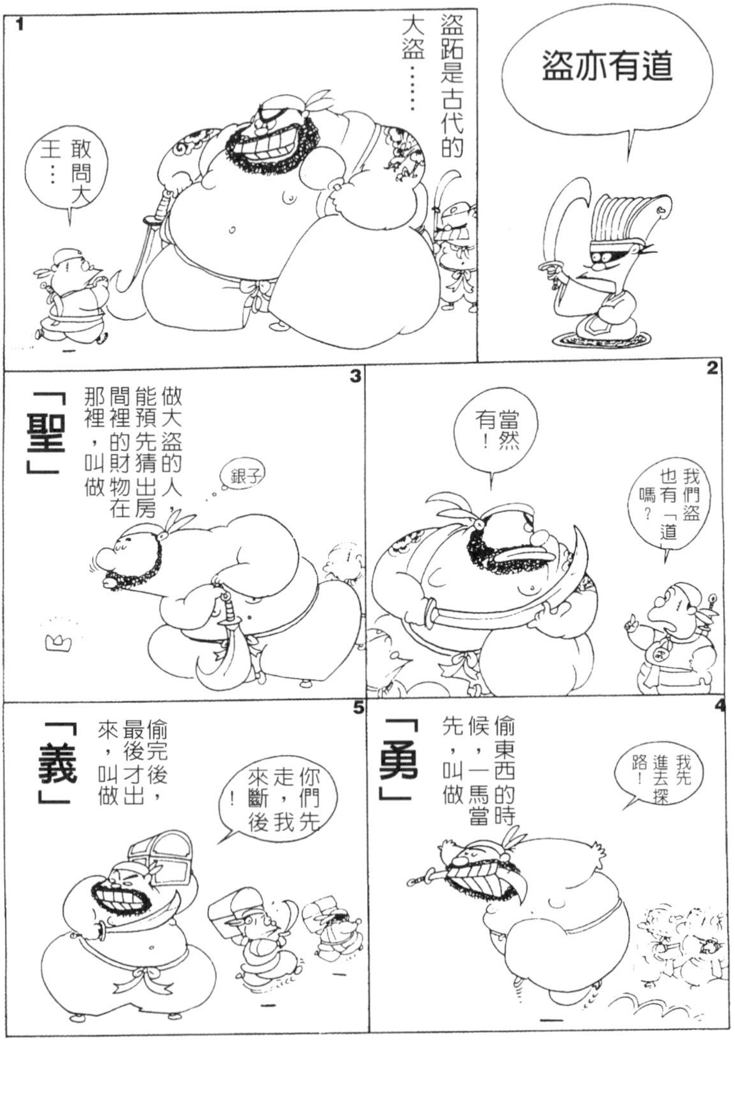
盜亦有道
盜跖是古代的大盜……
敢問大王…
我們盜也有「道」嗎？
當然有！
做大盜的人，能預先猜出房間裡的財物在那裡，叫做
「聖」
銀子
偷東西的時候，一馬當先，叫做
「勇」
我先進去探路！
偷完後，最後才出來，叫做
「義」
你們先走，我來斷後！

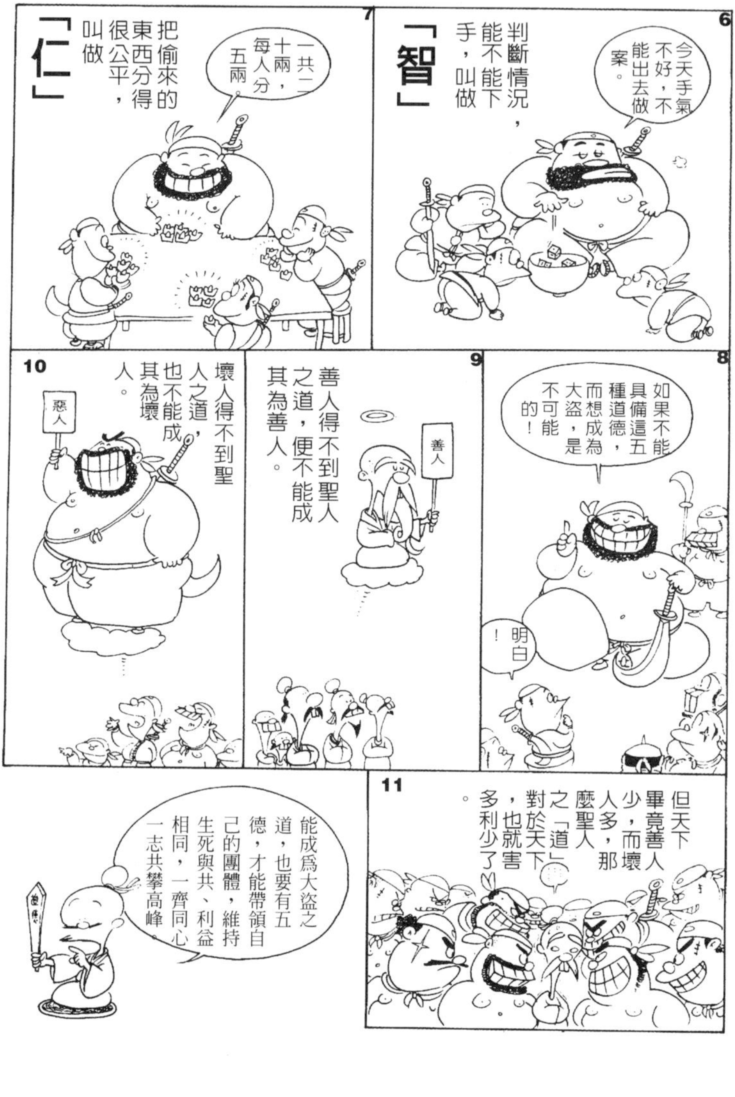
6
今天手氣不好，不能出去做案。
判斷情況，能不能下手，叫做「智」
7
一共二十兩，每人分五兩。
把偷來的東西分得很公平，叫做「仁」
8
如果不能具備這五種道德，而想成為大盜，是不可能的！
明白！
9
善人
善人得不到聖人之道，便不能成其為善人。
10
惡人
壞人得不到聖人之道，也不能成其為壞人。
11
但天下畢竟善人少，而壞人多，那麼聖人之「道」，對於天下也就害多，利少了。
能成爲大盜之道，也要有五德，才能帶領自己的團體，維持生死與共、利益相同，一齊同心一志共攀高峰。

【領】項也、頸也。仲尼燕居注曰：領即是治也。整件衣服以領為綱，排扣對準領，依領而循行下來……

【袖】可長可短可伸可縮。可短，及肘，出手以進；可長而覆掌，縮手而退。長袖善舞，因為能力才能決定自己的行動自由度與強弱度。

【領袖】就是有能力運用自己大腦來分析、判斷、決策，令手去執行一切行動的貫徹能力。領袖能力的強弱決定了一個團體的生死與前途的寬、窄、好、壞。

寧為雞首，不為牛後。

——中國人如是說

常聽人說：「中國人是全世界中最愛當家做主，自己開公司當老板的民族。」

這句話的確描述得十分眞實。因爲我自己從小到大就經常聽到年輕人在高談未來理想時，都說將來要如何如何創業，開什麼樣的公司。我的朋友段鍾潭，還在唸交通大學研究所時，就經常在台北體育館舉辦大型熱門歌曲演唱會，還在台大附近開了一家佔地約二百坪的滾石餐廳和後來發展出來的滾石唱片公司。他的朋友們，也是還在輔大就讀時，便與幾位同學合開了貿易公司。他們不是富家子弟，只是心中有股自己創業的衝動，於是就毫無保留地讓它爆發出來。

外國人常笑稱：「如果世上遭逢大浩劫，死到只剩最後一人時，相信那個人一定是中國人。」

沒錯！中國人是最擅長從惡劣環境中活存的民族。因爲中國人充滿了各種可能，因此能在各種不同形態的不利條件中活存出一些成功的典範。

我們常看到很多很成功又不同形態的公司，其實他們是由早已經很成功的公司員工們所分離出來，才剛剛自組不久的新公司，但營業績效往往都強過母公司，這也正是良性競爭、物競天擇使得物種加速進化的生態法則。

自己當家做主最大的快樂是自主性，自己決定自己能夠並有意願做的事，讓它發揮到極致之境，自己品嚐成功或失敗的滋味。

這樣的失敗才能眞正體會出錯誤在哪裡，自己無從逃避責任也不會委罪於人，而眞正能從其中獲得失敗的經驗讓自己不再重蹈覆轍。

這樣的成功才能眞正從其中抽出成功的因子，好讓自己能在未來一再地重複運用。

況且，成功滋味的美妙不在於獲利的多寡，而在於原本只是大腦裡的想法，經過實際運作，得以美夢成眞的那種自我完成之滿足感。這種經由想像而變為眞實，歷程之美妙絕非金錢、名位所能形容與替代。然而，在這麼多成功的中小企業、超大型企業的案例中，做為一個創業的領袖眞的那麼好當嗎？「並非人人都可以成為成功的領袖，而成為成功的領袖也不必非要超級天才不可。」

成為一個領袖人物是要有條件的，這些條件對心胸開闊的人而言，也很容易辦到。每個人只要達成這些條件便能成為一位成功的領袖，這也正是本書所描述的主題！希望大家能成爲未來成功的領袖，但在此之前，請先達成做爲一個領袖的基本條件！

【Siva的舞蹈】

領袖，像是印度專司破壞和拯救的濕婆神，濕婆神又稱爲大自在天神，祂有雙足四臂，右側上臂拿著能生出音樂的法螺或鼓，象徵創生；左側上臂則高舉火焰，象徵毀滅。雙足象徵全身正隨著自己所創造出來的韻律，跳著生死輪迴的濕婆之舞。

領袖的領導，就像高舉著創造與毀滅的濕婆之舞。

一個團體的生與死，全掌握在這個團體的領袖手中，身爲領袖的主導者和体一心想成爲未來領袖的人們啊！你的能力正舞蹈著團隊中所有成員的生與死。

Siva的舞蹈

領袖

溫世仁 著
蔡志忠 畫
侯吉諒 整編

第一章

開宗明義篇

領袖，就是指揮群衆、發揮群體力量的那個人。

【領袖】

非人人可以成為領袖，領袖也非難逢的奇才。

領袖，是極少的人。

我們翻開歷史，會發現歷史幾乎是由少數人所改變、由大多數人推動的。這些改變歷史的少數人，就是領袖。

過去，對領袖的看法，也許每個人都有所不同，我則認爲：

非人人可以成爲領袖，領袖也非難逢的奇才。

就是說，並不是人人都可以成爲領袖，我們並沒有那麼樂觀，相信每一個人都可以成爲領袖，但是從另一個角度看，領袖也不是難逢的奇才，如果我們說任何人都可以當領袖，那是太草率的說法，但如果說領袖是百代難逢的奇才，要好多年才會出現一個，也不一定正確。

我個人認爲，要成爲領袖有十二個條件，這是我多年研究各種書籍，並從一些實務的體驗裡面所體會歸納出來的想法，提供給大家參考。

這十二個條件，我又把它分成三類：三心、五德、四*P*。

●**三心**　是成為領袖的修為。

●**五德**　領袖必須具備的五種能力。

●**四*P***　則是四項領袖必須要做的工作。

在探討領袖的十二個條件之前，我們必須先談《孫子兵法》。

一個偉大軍事家的管理與領導方式，絕對是一般從事政治、企業的人所要學習的。軍隊將領的領導，是要帶部隊去打仗、去犧牲，而一般的政治或企業的領袖，是要帶領部屬去賺錢、獲得名利，可是大家都知道，即使是要帶領人去賺錢、獲得名利，也非常困難。

軍隊將領則是領導部屬去廝殺、拚命，軍隊將領可以做到讓他的部下去從事危險的戰爭，甚至犧牲性命，其領導方式一定有獨到特殊的地方，因此我們可以理解，研究軍事領袖的領導方式，和他所運用的兵法，絕對有助於我們思考日常生活上的事情。

在全世界所有的兵法中，《孫子兵法》是古今中外最受推崇的兵法。

在二千五百年前，當世界上還有很多人很多民族是用木棍、石頭在跟敵人廝殺打仗的時候，我們就出現像孫子這樣的人，實在是中華民族的光榮。

孫子所講的道理，絕不亞於同時代的孔子、老子。

孔子、老子、孫子差不多是同一代的人。孔子曾經見過老子，孫子則曾經見過孔子的弟子子貢，所以他們可以說是同一個時代的人。

孫子這個人是怎麼在歷史上出現的呢？

【孫子的故事】

孫武在春秋的末期仕於吳王闔廬（又稱闔閭，在位期間爲西元前五一四～四九六年），而且是助吳王完成霸業最有貢獻的一位將軍。有關於孫武的事跡，史料的記載並不詳細。對孫武的爲人及其一生活動記載得最正確的，應該是《史記》中的〈孫子吳起列傳〉，根據這篇記述，孫子的出現一開始就很傳奇。闔廬，就是夫差（就是讓句踐臥薪嘗膽的那個人）的父親，闔廬年輕的時候叫公子光，他成爲吳王以後，跟宰相伍子胥說：能不能找到一個人，能千里殺敵、破軍斬將，如果找到這樣一個大將來領導軍隊，我們就可以大破楚國了。

伍子胥推薦孫武，闔廬於是下令召見。闔廬見了孫武，就說：「你的十三篇大作，我已經拜讀過了，關於你的用兵方法，可否小規模的演習一下？」

孫武說：「可以。」

吳王說：「用婦女來演習，可以嗎？」

孫武說：「有什麼不可以呢？」

吳王於是召集宮中一百八十位美女供孫武練兵。孫武將她們分成兩隊，分發武器給她們，並指定吳王所寵愛的兩位妃子爲隊長。

然後孫武問她們：「妳們知道妳們的胸膛、左手、右手和後背嗎？」

她們說：「知道。」

孫武於是說：「好，那麼，我喊前進的時候，妳們要眼睛看著自己的胸膛，向左轉的時候看左手，同右轉的時候看右手，向後轉的時候看後背，這樣記住了嗎？」

她們答道：「記住了。」

孫武於是宣傳號令，令執行軍法的刀斧手站在兩旁。又把各種號令的作法解釋了好幾遍。於是便擊鼓爲號，開始演練。

但當孫武高喊：「向右轉！」這群女人卻嘻嘻哈哈大笑起來。

孫武說：「將軍練兵，規定交代的動作沒讓人聽明白，要求的命令未能讓人熟記在心，這是當將領的不對。」於是，孫子把動作、命令再詳細講解了幾遍。

但是，當孫武再次擊鼓令她們「向左轉」時，她們還是一陣大笑。

孫武便說：「約束不明，申令不清楚，這是爲將者的過錯，剛才是我的不是，但這次就不是了，妳們既然都明白號令了，而明白了卻不能照號令去做，那就是隊長的責任了。」

說罷，就準備將兩位隊長斬首示眾。

吳王在閱兵台看見孫武要斬他的寵妃，連忙派人傳令下去說：「我已經知道孫將軍練兵的方法了。但如果我失去了那兩位愛妾，連飯都會吃不下的，所以請你不要斬她們吧。」

但是孫武說：「臣既受命爲將，將在軍中，君命有所不受。」於是便將二個隊長斬了，另派兩個宮女爲隊長。

之後，再擊大鼓，令她們向左轉時，就全體一齊向左轉；又令她們向右轉，就又一齊向右轉。令她們前進，也一齊前進；令她們後退，則一齊後退。

完全符合號令，沒有一個人敢怠慢了。

於是孫武派傳達兵向吳王報告說：「練兵已經全部完成了。王可以下臺來檢閱一下。只要王一下命令，要她們赴湯蹈火，也是可以辦到。」

吳王因愛妃被殺，心情非常不好，毫無興致的說：「不，不需要那樣做，你回宿舍休息吧。」

孫子說：「原來王只是喜歡我兵法的理論，而不能用眞刀實槍的去實踐力行。」

無論如何，由於這次練兵，闔廬知道孫武確實是個用兵的能手，所以還是拜孫武爲將軍。

後來，吳國西破強鄰楚國，攻陷首都郢，向北威脅齊、晉兩國，在諸侯之中聲名大振，這完全是孫武的功勞。

很多人都說這個故事只是傳說，但是我蠻相信古代的記錄，因爲在那個時候的史官是非常敬業的，他們很堅持他們記載歷史的責任就是要忠於事實，即使犧牲性命也在所不惜。

從這個故事中，我們知道，吳王就像一般的君主，把戰爭當作征服的手段，所以他只是要找到一個可以千里殺敵、破軍斬將的勇將。但對孫子來說，戰爭的目的，有更高的層次，因此，孫子提出完全不同的看法。

《孫子兵法》中所謂「上兵伐謀、其次伐交、其次伐兵、其下攻城」，最壞的狀況才出兵攻城。戰爭的勝敗、能夠取決於廟堂之上的計算等等概念，已經遠遠超出實際出兵打仗的範疇。

《孫子兵法》十三篇，雖然很簡短，但幾乎已講遍中國的戰爭哲學。大破楚國以後，伍子胥對他的仇人鞭屍，這種利用戰爭來達到征服敵人、報仇洩恨的目的，孫子覺得這跟他的理念不合，所以就飄然隱去。因爲《孫子兵法》的理念是，戰爭的目的是爲了和平，而不是爲了報仇。

《孫子兵法》〈始計篇〉開宗明義指出「兵者五事」，也就是打仗、戰爭的事情不外五件事情：道、天、地、將、法。這不但講得扼要，文字也講得很美。

孫武的生平
孫子名武，是春秋時代齊國人，著有孫子兵法十三篇。
孫子兵法
他曾將所著兵法進獻給吳王闔閭。
好極了！寫得太好了。
先生所著兵法十三篇皆已拜讀，可否實地操演部隊呢？

當然可以。
可以用婦女來演練嗎？
可以。
於是吳王便傳旨，找來一百八十名宮女，孫子將他們編成兩隊，令吳王的兩之寵姬分任隊長，並令全體持戟。
妳們知道胸部、左右手和背面的位置嗎？
知道
知道！

好！等一下我發令時，說前妳們就要朝自己前胸所對的方向看。
我說左就看左手，右就看右手，後就往背後看，明白了嗎？
明白！
準備刑具侍候，不聽號令者，依軍法處分。
遵命
注意聽我的口令，依命令行動！

咚！
右！
哈哈哈
嘻嘻嘻
哈哈哈
為將練兵，規定交待動作沒能讓人聽明白，申述命令未能讓人熟記在心，這是當將官的不對。
我再將規定動作說一遍，我說前就看胸部，說左就看左手，右就看右手，後就往背後看。
準備好了，不要再犯錯了……
左！

嘻嘻嘻嘻
約束不明，申令不清楚，這是為將者的過錯；
為人將帥者，既已將各種約束及申令都交待清楚了，可是士兵還不照號令操作，這便是士兵的過錯。
違令者斬，士卒不可盡殺，隊長當受其罪。
寡人已曉得將軍能用兵，但失去了兩位寵姬，寡人將食不知味。
哇！饒命！啊！
啊……

將軍，你就放過她們，別斬她們吧。
臣既已受命為將，將在軍治兵，君命有所不受。
將兩人斬首示衆！
哇！
哇！
啊……

向前起步走。
一、二
一、二
一、二
孫子另命二位宮女為隊長，於是再擊鼓下號令，這次宮女們完全遵照號令行動，再也不敢出聲嬉笑。
隊伍已操練整齊，大王可以下來親自校閱。
現在這支部隊任憑大王想怎樣使用都可以，即使赴湯蹈火也可以辦到。
請將軍解散部隊，自行回賓館休息吧！寡人沒有心情下去看了。

大王只是喜歡兵法理論，但卻不能用理論來實際用兵啊……
吳
吳王闔閭雖然不悅，但也明白孫子真能用兵，後來終於用孫子為將。
此後，闔閭以一個小小的吳國，西破強楚，攻入郢都；北上中原，威震齊晉；
吳
吳
使吳國的聲名顯揚於春秋諸國，那幕後的功臣就是孫子啊！
不動如山
侵略如火
徐如林
疾如風
孫子兵團
令

【兵者五事：道、天、地、將、法】

【道】

道者，令民與上同意，可與之死，可與之生，而不畏危也。

什麼是領袖？日本汽車大廠豐田汽車的老闆——豐田英二在他的回憶錄《決斷》這本書裡面講到什麼叫做領袖？他說，領袖就是當你拿起一支旗子的時候，後面一大堆人跟上來，這就叫領袖。

這個比喻很生動——領袖，就是指揮群眾、發揮群體力量的那個人。而一個人又如何發揮群眾的力量呢？

孫子給我們的答案是：道。

什麼叫做道？道就是「令民與上同意」，就是讓你所領導的人跟你有同樣的想法，然後可以與之生可以與之死，這就是道。所以今天我們講領導政治、領導階級有沒有道？領導一個團體有沒有道？所謂的道就是「令民與上同意」。「令民」，就是你所領導的人，「與上同意」，就是與領袖具有同樣的心意、同樣的思想，可以做到這一點，則無論要你的部屬去面對什麼困難甚至危險的事，都可以與之生可以與之死，這就是道。

【天】

天者，陰、陽、寒、暑，時制也。

天，時間軸線

第二，我們看什麼叫天，孫子說天是陰陽、寒暑，實際上，就是時間軸線。古人說做事要講究天時、地利、人和，而在一個時期裡發生的就是所謂天時。做任何事情都需要注意到時間軸線，因爲時代、環境都會在時間的軸線裡變遷，因此領袖人物要知道如何抓到最適當的時機。

【地】地者，遠、近、險、易、廣、狹、死、生也。

地，空間軸線

有一個故事是這樣說的：有兩個生意人到非洲去考查，發現當地的人都沒有穿鞋子，其中一個認爲不會有生意，因爲非洲人根本沒有穿鞋子的習慣；但另一個就認爲，因爲所有的人都沒有鞋子，所以如果把鞋子賣到這個地方來，生意一定會很好。

地，是空間軸線，剛好與天所代表的時間軸線相對，你要了解戰爭，就要明白戰場的空間軸線；你要做生意，就要知道行業的產業地圖。我們做任何行業，無論紡織、電腦、出版或其他，都要知道那個行業的產業地圖在那裡。

兩種觀點
有個宋國人，帶著帽子和衣服到南方的越國去販賣，他以為可以大賺一筆……
買衣服哦！漂亮的衣帽呀！
但是，越人的風俗是留短髮，紋身赤裸著胸膛，全不穿戴衣帽。
於是，他寫信給他的老婆說：
很慘，這兒的人全都赤身不穿戴衣帽，我馬上回去…
又有一鄭國人也帶著衣帽來到越國做生意……

相同的狀況，卻有悲觀和樂觀兩極看法。事情沒有絕對的好、壞、善、惡，要怎麼想？怎麼做？完全在自己！

這就好像到非洲賣鞋子一樣，同樣的狀況，對不同的領袖來說，會有不同的判斷，而你的判斷，也會決定了產業地圖和空間軸線的範圍。

【將】

將者，智、信、仁、勇、嚴也。

將，就是我們所談的主題——領袖。

孫子這樣一個兵學大師在二千五百年前，給領袖下了一個定義，這個定義很簡單，就是五個字：智、信、仁、勇、嚴，這五個字也就是將——一個領導者，所要具備的條件。

關於將的這五個條件，我們會在後面用一整章來詳細討論。

【法】

法，曲制、官道，主用也。

法，人事系統，人才裝配

法，並不完全等於現在的法律，而應該解釋爲一種制度和方法。在戰爭時，軍隊裡的人事系統，人才怎麼樣晉升，如何裝配，都要有一定的方法。

在一個軍事組織裡面，一個小兵要升到尉官、升到校官，如果沒有人事系統，就沒有辦法運作。

同時，如果每個人每年都升一級，那也沒辦法運作，因爲每一個人才的成長能量不一樣，無論軍隊或組織，每一個人才的成長能量不同，所以要經常做適當的裝配，比如有些人一年的成長是別人的兩倍，那就必須給他高於常人的晉升機會，不能說爲求公平，他升一級別人也升一級，這種是平頭平等，事實上就是不公平，抹煞別人的努力就是不公平。

人才的裝配，就是把適當的人才或成長比較快的人才，裝配到更好的位置上。

道、天、地、將、法
與敵作戰先要從五方面來分析雙方的條件以評估勝負。
誰能使全國軍民一條心？
誰熟知天時和敵方運行的變化韻律？
誰能夠掌握戰爭中的一切地理環境資訊？
誰能真正確實執行五種制敵致勝的本領？
誰能貫徹軍紀於同步行動而不會使自己的團體潰不成軍？

第二章

領袖三心

知兵之將，民之司命，國家安危之主也。

——《孫子　卷二・作戰篇》

領袖，是掌握全體員工未來命運好壞的關鍵人物，是整個公司安危存亡的決策之人。

【寬廣的心、無私的心、全投的心】

我們接下去要講領袖的十二個條件。做一個領袖，要有十二個條件，前面三個條件我把它歸納成爲三心，一個領袖要有三顆心，也就是：寬廣的心、無私的心和全投的心。

【寬廣的心：所羅門王的故事】

所羅門王是聖經中一位非常有名的君主，所羅門王即位的時候只有十二歲，他接了他父親大衛王的王位時，非常恐慌，就到教堂去向上帝祈求，他說：「上帝啊，請你賜給我智慧，讓我來統治這個國家。」

聖經記載，那天晚上，上帝在他的夢中出現，上帝跟年輕的所羅門王說：「過去，許多君王即位時，都是向我求福、求壽，求更多的福氣、更長的壽命，你是第一個向我求智慧的人，所以，我不但要給你福、要給你壽，還要給你智慧。」但是，這些顯然還不夠，不足以統治一個國家，因此，上帝又給了所羅門王一顆寬廣的心。

做一個領袖，要能夠容納別人。如果領袖只是能力比別人好，那即使他是團體裡面最優越的，也並不足以成為稱職的領袖。做一個領袖要能夠容納別人，要有一顆寬廣的心。

比作戰的能力，劉邦一定遠遠比不上西楚霸王項羽，可是，就領袖的才能來說，顯然劉邦比項羽高明太多了。在歷史故事中，我們只知道項羽多麼會打仗，他那霸王別姬、烏江自刎的故事是多麼動人，卻很少聽說項羽的旁邊有什麼謀士名將。反觀劉邦，至少我們可以很快就舉出張良、蕭何、韓信這些軍師大將來，光是這一點，就可以說明最後為什麼是劉邦奪得天下，而不是項羽。

中國古諺有云：「百川下海，有容乃大」。歷史上最偉大的君王都不是最能幹的君王，而都是心胸最寬廣的君王，心胸寬廣的君主，能夠延攬各式各樣的能人謀士，而且能夠整合，這才能成為好的領袖。

【無私的心：置團體的前途於個人的利益與情緒之上】

什麼叫作無私的心呢?就是置團體的前途於個人的利益以及情緒之上。

我早期在一家電子公司擔任總經理，當時才二十五歲。有一天我要求董事會給我的一位工程師加薪，加一千元，在當時，從三千塊錢調到四千塊，是不得了的調整，跟現在從三萬調到四萬差不多，所以當時很多的股東都極度反對，他們說：我的職員就是做二十年也沒有領那麼多薪水，你們這些年輕人學校剛畢業就領四千塊，沒這個道理。

可是我認爲，一個人的貢獻不是看他服務時間的長短，而是看他的能力高低，所以雖然他們不答應，但我還是很堅持，因此，我們這消耗戰一直磨到晚上很晚。我們的董事長是很好的人，一直幫著我說服那些股東，要大家通過我的提議，最後，也終於通過了。可是，其中有一位股東非常生氣，他站起來說：「你們既然投票通過，我也只好贊同，但是我是基於同情你。算我可憐你好了。」他生氣的說完這些話，把門用力一甩，走了。

我這個總經理也覺得壓力很大，聽到這樣的話，當時我想要做的第一件事就是辭職，不要幹啦，我又不是在爭取我的利益，爲什麼變成是人家可憐我？但是，我回去想一想，我覺得還是應該去上班。

第二天去上班的時候，發現老董事長在門口等我。他跟我說：「我就知道你一定會來，所謂大人物跟小人物，分別就是在這個地方，如果是小人物就辭掉了，不管團體如何。但大人物就會顧慮周詳。」這件事，對當時二十五歲的我，也是一個很大的掙扎，但是，從那一刻開始，我就了解這句話的意思了——我「個人」當然有權利決定自己的去留，然而，當「總經理」的我，卻不能不考慮，如果我辭職不幹了，對我們公司和其他的同事會有什麼影響？

做領袖的第二個條件，要有無私的心，有私心的人，沒辦法成爲一個好的領袖，我想這不用解釋了。

在自私的世界裡沒有眞理，任何偉大的管理學說，在私心面前都會變得蕩然無存。然而，什麼是無私呢？對領袖來說，就是要置團體的前途於個人的利益與情緒之上。要置團體的前途於個人的情緒之上，這是不容易的，這比置於個人的利益益之上更難。把團體的前途置於個人利益之上，有時靠道德修養就可以做到，但是要置於個人情緒之上，必須是一種無私的心。

【全投的心：池田的啓示】

日本有一個佛教團體叫創價學會，有大約一千萬名信徒，大概大家都聽過。有一次，我去參加日蓮教的宣道大會，聽說了一個非常感人的故事。

那時候，著名的池田大作先生剛剛被委任爲會長。池田接任會長的職位時，雖然只有三十二歲，但他當時身體衰弱，而且很瘦，但他對會長的工作仍然毫不遲疑的接受，並全力以赴。池田自己以這樣的心情接任會長，我想大家都可以體會，而感人的是，池田被委任爲會長的當天，他以爲夫人定會爲他慶祝而準備只在喜慶佳節才煮的紅豆糯米飯。可是回家後，卻發覺太太所準備的只是往常簡樸的飯菜。他問太太爲什麼沒有紅豆糯米飯？所得到的答案是——「我覺得從今天起，我們家就沒有戶長了。今天是我們家的喪禮，所以沒有做紅豆糯米飯。」池田夫人的用意，是要丈夫放心地爲學會努力，不用擔心家庭的一切。

做什麼事情，都要有全心投入的心才可能成功，要當一個領袖，更是如此。池田先生有這樣的心情，池田夫人也有同樣的認知，難怪池田先生能夠擔任創價學會會長，全力推動文化與教育，並致力推動人類的和平。

所以，要成爲一個領袖，並不像大家想像的那麼困難，也不像大家想像的那麼簡單，最重要的是要有三顆心——寬廣的心、無私的心和全投的心。

第三章

領袖的五德

智、信、仁、勇、嚴

《孫子兵法》對外用兵，將敵方的軍，要求要有五種德性，就是智、信、仁、勇、嚴。而將軍受命，合軍隊聚衆，組織一個能攻能守的團體，做為一個領導人，本身也要具備智、信、仁、勇、嚴五種條件，才足以達成組織、分析、評估、決策、執行的確實有效運作，然後，才能達成整個團隊的未來利益。

「將」是用自己的手去掐住敵方的手，也就是像下棋時「將」對方的軍。將對方的軍要有智、信、仁、勇、嚴五種能力：

【智】是分析、判斷、決策。分析敵我虛實的一切條件，判斷出勝負的一切因子，決策出對付敵人的方法。

【信】是令出必行、執行貫徹到底的能力，也是維持自己這個團體的有效管理。

【仁】是與敵軍並排對陣的防禦，使自己不敗於敵人，嚴陣以待的防禦功力。

【勇】是當對方顯露出弱點破綻時的進攻出擊。

【嚴】是速度、進度的要求，要能靜如處女、動如脫兔，沒有速度便不能有效的運用對自己有利的時機，而失去時效。因此嚴以律己，對速度的要求能達到時效，才能輕易完成目標。

對外「將」敵人的軍要有這五種條件，對內部、自己的團體，將軍、領袖，也要有智、信、仁、勇、嚴這五種能力：

【智】判斷要正確，決策要有效。

【信】言出必行，賞罰一定清楚、公平，並嚴格執行。

【仁】對待屬下要視同爲自己，把他們當做自己同等的人。

【勇】要身先士卒並勇於冒險犯難，不因害怕失去既得利益而趨於保守退縮不前。

【嚴】要嚴以律己，並嚴格執行一切團體中的紀律。

【領袖的五德】

接下來我們要談的是領袖的五個條件，就是領袖的五德，也就是孫子所說的智、信、仁、勇、嚴。

【智】

知識：三種語言、四大技術。

判斷：深入細節、追根究柢。

●知識

智就是要有智慧，什麼叫做智慧？智慧的第一層意義，就是要有知識。

我在《前途》那本書中曾經提到，要做一個VIP的上班族，在高速變化的時代裡，必須要學會三種語言，除了國語以外，要會英文、日文和電腦語言三種語言，同時要具備四大技術：要會開發、複製、管理、交換。

三種語言，是華人社會、上班族都需要的知識，而四大技術，則是在任何企業工作的人都需要的能力。在電子業要會開發、複製、管理和交換，而在新聞傳播界，同樣需要開發（企劃、採訪）、複製（寫稿、編輯）、管理（人事）和交換（資訊交流、觀念溝通）的能力，每一個行業所需要的技術不同，我們必須了解在自己的行業裡面，需要那些技術，然後不斷去充實。而在政治、非營利機構裡，所需要的技術和企業不同，領袖要了解自己所處環境的特色，加強所需要的能力（比如個人的魅力）。

要成為領袖，就要會那一行的知識，而且是「全備的知識」。

比如說，我們今天要從事著作，要領導這一行，就要對這一行有了解，找一個零售業來做出版業，那就不容易做好，所以一個領導者他要具備那種行業的知識。

●判斷

智的第二層意義，是要有判斷力，要深入細節追根究柢。

這是很重要的概念，第一要知識很足，第二要有判斷力。

有些老闆知識淵博，但碰到要判斷事情時就垮下去了。

爲什麼沒有判斷力？就是沒有深入細節。

判斷力不是魄力或聰不聰明的問題，而是有沒有深入細節，有沒有追根究柢。我在《前途》裡提到「剝五層皮管理法」，一個主管要養成習慣，無論碰到什麼事，就剝五層皮，問五個問題。

例如，我今天電腦當機了，我就問第一個問題：電腦爲什麼當機了？某人可能跟我講說：是CPU壞掉。

我第二個問題可能就是：CPU爲什麼會壞掉？他可能說：昨天機器沒有關。我問第三個問題：爲什麼昨天機器沒有關？他可能說：昨天我回去的時候，辦公室還有人，我先回去，可能是他們沒有關。

我問：誰還留在辦公室？這樣一個一個問，一直問下去，你就會找到原因是最後一個回去的人忘記關電源。

每件事情你都用這種分析法，你就慢慢地了解那些細節，然後追根究柢，這樣你才能判斷。

判斷也不是依靠經驗。我二十五歲當總經理時一點經驗都沒有，可是我還是要判斷，要想辦法判斷。所以我常常說，不是有經驗就可以判斷，對有些人來說，時間和經驗對他沒有幫助，他如果一直沒有深入細節，他就沒有能力判斷。

有些人到了五、六十歲時，判斷力還是不行，因爲他沒有要求自己去深入細節、去追根究柢。如果對任何事情的看法都是「差不多先生」，那麼，他是永遠不可能會有判斷力的。

培養充足的智慧和足以判斷的能力，就是智，領袖的智。

【信】

信用：承諾的事、就是大事。

信服：易地而處、感同身受。

●信用

領袖的第二個條件是信，承諾的事情就是大事情。

以前我有一個忘年之交，皮教授，年紀比我大二十幾歲，他每次請我們吃飯、唱歌的時候，如果有一個人沒有來，他就非常生氣，即使那只是吃飯、唱歌的輕鬆場合。因爲有些人臨時有客戶來電話，有事情需要處理，因而沒辦法參加。沒來參加的人也許認爲，只是一個大家同樂的聚會罷了，沒什麼重要，所以也就沒有特別通知，一般人大概等不到也就算了。可是皮教授他一定生氣，他會一直大罵。

當時我們覺得，這個人雖然很老，也是個教授，但卻沒什麼修養，怎麼這麼小的事情也生那麼大的氣？但是，經過一段時間後才了解，他就是要告訴我們年輕人一個概念，世界上沒有所謂大事、小事，也沒有所謂重要的事或不重要的事。你答應人家的事，就是大事，你答應你小孩要回家吃飯，那就是大事，任何答應過的事如果沒辦法做到，就要打電話告訴人家我沒辦法做到。

也沒有所謂大事或小事的分別，一般人會以爲，見總統是大事，回去陪小孩、太太就是小事情，這是不對的。因爲答應別人，就是大事。

做一個領導人物，要有信用的概念——承諾的事就是大事。

●信服

信的第二層意義，就是易地而處、感同身受。

領導者權力很大，因爲他的地位很高，權力很大，受尊敬的程度很高，因此他處理事情就會比較順利，有的主管常常因此會覺得很多事情底下人怎麼都做不好，但他沒想到，這牽涉到底下的人沒有那麼多資源，打電話去不像你那麼有效，所以他事情做不好等等。

所以如果你沒有辦法易地而處，感同身受，老是不斷的指責別人，這麼簡單的事情怎麼做不到的話，這很難使人信服，信就是要有信用還要讓人信服。

【仁】

世界上只有一種人，就是需要關心的人

溝通：聖人執左契，而不責於人

領袖的另一個條件就是要仁慈，世界上只有一種人，就是需要關心的人。

●關心

以前，我們工廠設在新莊化成路，那是一個租來的工廠，將近有五百人，那時候，差不多每個月要流失一百五十到兩百個員工，我們廠長報告說是薪水太低了，我們又是個小廠，附近工廠又很多，所以流失很快。當時我擔任總經理，有一天就過去了解狀況。我說我們一起來看看這是怎麼一回事？因為這不合理，而且一個工廠每個月流失30%的人，沒有辦法作業，一定要找到原因，想辦法解決。

那天，我們就坐在一個會議室裡，廠長親自在旁邊做記錄，我就請離職的人一個一個進來，每個人談五分鐘，看看有什麼問題。

第一個人進來，那個廠長就問他：你是在哪一個課？哪一條線？叫什麼名字？你來公司多久？你爲什麼要離職？問完，就讓他出去。

第二個人又進來，他又問：你是哪一條線？你叫什麼名字？你爲什麼要離職？記下來。

到第三個，他又這麼問。

這時我就說，我們不用再問了，問題已經很清楚了。當廠長連員工的名字都叫不出來，也不知道他在那個單位負責什麼工作，那怎麼可能有人替你賣命？

世界上只有一種人，不管他是什麼膚色，都是需要關心的人。而一個領袖是不是仁慈，就是看他對他的部屬有沒有很關心。

●溝通

昔殷之興也，伊摯在夏；周之興也，呂牙在殷。故惟明君賢將，能以上智為間者，必成大功。

——《孫子　卷十三・用間篇》

孫子說：「從前殷商的興起，是因為重用了在夏國待了很久的伊摯。周朝的興起，是由於用了姜子牙。因為他也在殷商生活了很久，完全了解殷商的一切運作方法。英明的領袖如果能運用智慧出眾並完全了解敵方的人，由他們設計謀略來對付敵方陣營，必能獲得重大的成就。」

有一個故事說，有一個將軍喝醉了，趁黑暗調戲國王的妃子，國王的妃子偷偷拉掉他帽子上的纓，然後跑去跟國王說有人調戲她，而她已經把他的纓拔下來了，只要國王把燈點亮，誰頭上少了帽上的纓就是調戲她的人。

那個國王怎麼處理？他說：「先不要點燈，所有人先把頭上的纓拔掉再點亮。」

這件事情就這樣過去了，可是故事還沒有結束。

後來，那個國家發生戰爭，在戰場上，國王被困，生命危險的時候，突然一個將軍冒死突圍，救了國王一命，國王後來問他為什麼要這樣做，那個人才告訴國王，他就是那個被妃子拔掉纓的人，這就是原諒別人所產生的後果。

中國歷史上也發生過不少這樣的事，曹操也有過類似的做法。經過長年的戰爭，曹操打敗袁紹以後，搜出許多袁紹和曹營一些人的通信，那些暗地裡背叛曹操的人都很害怕會「秋後算帳」，沒想到曹操把那些書信全部燒掉了，他說，以前袁紹有我十倍的兵力，底下的人對我沒有信心也是合理的，不要去責怪這些人。

一個領袖，不是每一個人生日送個禮物這麼簡單就叫仁，眞正的仁，是溝通，溝通，是要做到互相之間眞正的了解。

老子《道德經》第七十九章中有一句話：**「聖人執左契，而不責於人」**，最可以說明領袖的仁慈。

以德報怨的故事大家都聽過，很多人以爲這是孔子的主張，事實上不是，論語裡有孔子的弟子問：**「以德報怨如之何？」**因爲以德報怨是老子的主張，孔子說：**「以德報怨，何以報德？」**人家對他不好你還對他好，那何以報德？孔子主張以直報怨，人家對我不好，我就跟他扯清楚，到底是誰的錯。

以直報怨，以德報德，這是孔子在三十而立的時候所說的一個概念，由於孔子的話在中國人來說，常常等於是眞理，所以大家也常常把它當作行爲處事的標準。但孔子後來有沒有改變想法？

《史記》記載，孔子三十幾歲時去見七十幾歲的老子。在還沒有見到老子之前，孔子已經是當時非常有名的智者，因此他的門徒就問他：夫子已見到老聃了嗎，你拿什麼去教誨他？

在他們眼中，他們的老師雖然年輕，卻是當代了不起的智者，因此他們覺得，一定是孔子去教導老子的。

而在《史記》的記載中，孔子見了老子回來後，卻是整日望著天嘆氣沒有說話，過了幾天，他的門徒又去問他，孔子這才說：「**鳥，吾知其能飛；魚，吾知其能游；獸，吾知其能走。走者可以為罔，游者可以為綸，飛者可以**

為矰。至於龍，吾不能知其乘風雲而上天。吾今日見老子，其猶龍邪！」這些文字的意思是：鳥我知道牠會飛，魚我知道牠會游泳，獸我知道牠會走路，只有龍在雲端，我不知道牠會做什麼事。「**老聃，其猷龍邪？**」意思是說，老聃眞的像龍？他眞的是個龍？

孔子之所以會有這樣的感嘆，是因爲他自己很清楚，對人生境界的領悟而言，老子就像龍一般，不可捉摸，遠非自己可以想像。

聽說老子跟孔子見面的時候，老子只跟孔子講兩件事，從此對孔子後半世的影響特別大，他跟孔子說：「你飽學，修編魯史，讀春秋，然而，你所讀的書都是古人的書，古人已經死掉了，骨頭已經腐爛了。」意思就是要孔子讀古書要讀得活。另外，就是老子認爲孔子年輕，要收斂驕氣。這對孔子後來的思維有很大的影響，像孔子後來所講的：「**為政以德，譬如北辰**」，意思是說，當領袖的人如果以道德來管理，那麼他就會像北極星一樣，居其所而眾星拱之，我想這是受到老子影響的結果。

我們再拉回來講老子講的這句話，原文是：「**和大怨，必有餘怨；安可以為善？是以聖人執左契，而不責於人。有德司契，無德司徹。天道無親，常與善人。**」可見事實上老子主張的是以德報怨。而老子要出函谷關的時候，他又悟出來以德報怨不夠好，所以在老子《道德經》七十九章說「**和大怨，必有餘怨；**」，意思是說：你有一個怨，你把它和掉，你跟人家有一個衝突你把它和掉，但還是會有一些不高興的事情存在，即使說你對我不好，我對你好，但他還是有一些餘怨在心中。那麼要如何才能「可以爲善」，才能更進一層樓呢？答案就是「**聖人執左契，而不責於人**」。

我以前讀《道德經》，一直悟不出這個道理，後來我才了解，這是老子達到了很高一個境界的溝通。

什麼叫做左契？以前沒有影印機，以前沒有印刷機，所以我們打契約的時候，在同一份文件上，這邊寫一遍，那邊再抄一遍，從中間撕開，債主拿左邊叫做左契，債務人拿右邊叫做右契，兩個人合起來正好是完整的一份契約。所以聖人執左契，就是你處於可以完全責備別人的時候，**「而不責於人」**，就是不去指責別人。

這不僅一種修養，更是一種溝通的境界。當主管的發現部屬的錯誤時，難免會生氣而責備他，但如果他已經知錯而我們還去責備他，那他即使承認自己的錯誤，並且對你的責備完全沒有辦法反駁或辯解，但他心中一定會有一些不愉快，這個時候你再跟他說「好吧，你知道錯了就好，我原諒你了，明天好好做事吧」，這樣，好像當主管的人很有度量，而其實已經是和大怨了，屬下雖然嘴巴不說，心中必有餘怨，還是會有不滿。

在三國時代，劉備高舉道德的旗幟，和關羽、張飛桃園結義，三顧茅蘆請到諸葛亮出山做他的軍師，形成一股很大的團結力量，但顯然曹操的方法更高明，他是連想背叛的人都可以原諒，這種胸襟，就是執左契而不責於人，是做爲一個領袖非常重要的溝通態度。

【勇】

冒險：沒有冒險，沒有企業家

負責：身先士卒、勇於負責

當領袖的第四個條件就是勇。沒有冒險，就沒有企業家，中國人常說富不過三代，爲什麼富不過三代？

●冒險：沒有冒險，沒有企業家。

猶太人二千多年來就執世界經濟牛耳，包括今天的索羅斯在內，爲什麼中國人都富不過三代，三代不過一百年，而猶太卻可以兩千一百年來都這麼有錢？

最重要的一個原因是，他們永遠都不會放棄冒險。

企業的第一代要成功、要賺很多錢，一定要冒很多險，爲什麼只有極少數的百分之一、二人賺很多錢，因爲敢冒險的人比較少。

在我們社會，第二代看到爸爸這麼辛苦，還可以學到一些風範，因此常可以守成，到了第三代，他從小看到的就是有錢的環境，不知冒險的壓力和機會，很容易以爲一切的成功都是理所當然的，因而就容易投資錯誤或下錯決定，甚至只懂得花錢，所以富不過三代。

而猶太人則從小訓練他的孩子去經商，使他成爲成功的商人，到老的時候，他們不把錢留給自己的小孩，而是捐給教會、教育單位或慈善機構，這是他們的傳統，像美國的史丹福大學、禮聘愛因斯坦等二十世紀多位偉大科學家工作、終老的普林斯頓高等研究院，都是靠猶太人捐獻的經費才能成立的。

以目前最受爭議的索羅斯來說，很多人搞不懂，他既然是一個操作金融市場的投機客，又爲什麼同時是一位時常捐獻大筆金錢的慈善家，莫非他是一個僞善的人？

其實，培養賺錢的能力，用各種手段賺錢，然後再把錢捐出去，是猶太人的傳統，這就是爲什麼索羅斯既是一個金融投機客，又是一個慈善家了。

因爲有這樣的傳統，所以猶太人的下一代總是必須從零開始去學習經商的方法，所以雖然他沒有得到父親的財產，可是已懂得賺錢的方法了，可以繼續發展屬於他自己的事業。因此，猶太人的大富翁，世世代代都存在，不像我們，把錢和事業都交給兒子，讓他變成另外一個企業家，可是卻沒有教他如何經營企業。

當然，有的人會讓他小孩從基層做起，去學習如何經營管理一個企業，然而這是不夠的，因爲在這樣的培養過程中，他並沒有經歷過風險，也不需要冒險，而沒有風險，就沒有辦法培養出一個偉大的企業家。

●負責：身先士卒、勇於負責

在戰場上，領袖的意志與行爲是部屬效法的標準，因此，當戰爭到了最緊要的關頭，「御駕親征」常常會產生很強的激勵效果。

而即使只是平常的事務運作，領袖也必須起帶頭的作用，如果你沒有辦法身先士卒，底下的人又如何能夠全力以赴呢？

領袖，除了要身先士卒之外，更要勇敢的負起成敗的責任。

《鐵達尼號》是近年最受歡迎的一部電影，大家對電影中男女主角的深刻愛情一定都非常感動。在電影中，船上樂隊演奏到最後的那一幕也很感人，樂手們在生命遭受危險的時刻，仍然堅持他們的演奏，用美妙的音樂安撫船上群眾恐怖絕望的心情，在那部電影中，男女主角的情節是虛構的，而樂隊演奏到最後的情形卻是眞實的。

勇的第二層意義就是負責，鐵達尼號的樂隊演奏到最後，船長堅持不走，都是最好的例子。

船長是負責的，因爲船的安危是他的責任，而樂隊也是負責的，所以留傳下來這麼美麗的故事。

一個好的領袖要有冒險精神，要負責到底，而不是有問題的時候通通推給別人。

【嚴】

人：賞罰分明、因人施管

事：貫徹始終

●人：賞罰分明、因人施管

漢高祖劉邦平定天下之後，很重要的一件事就是論功行賞。然而開國之初，有功勞的人太多了，實在很難做到完全的公平，而且有的人更擔心平定天下之後劉邦難免要收回權力，因此整個朝廷瀰漫著不安的氣氛。

在劉邦封了二十幾個大功臣之後，其餘的將領卻一直爲誰的功勞比較大而爭論不休，有一次，劉邦遠遠看到許多將領聚在沙地上談話，劉邦就問張良：

「他們在說什麼？」

張良的回答讓劉邦大吃一驚：「陛下不知道嗎？他們在商量著要造反哪！」

劉邦說：「天下現在才剛剛安定，他們爲什麼要造反？」

張良於是說：**「陛下起布衣，以此屬取天下，今陛下為天子，而所封皆蕭、曹故人所親愛，而所誅者皆生平所仇怨。今軍吏計功，以天下不足封，此屬畏陛下不能盡封，恐又見疑平生過失及誅，故相聚謀反耳。」**用白話文說就是：你現在獎勵的，都是你喜歡的人；殺掉的，都是你討厭的人，因此他們不知道自己是不是有什麼過失，會被你殺掉，因此準備先下手爲強來造反。

這時，劉邦才緊張的問，那怎麼辦？

張良說：「**上平生所憎，臣所共知，誰最甚者**？」意思是說，皇帝最討厭的，而且是大家都知道你很討厭他的人是誰？

劉邦的回答很快：**「雍齒與我故，數嘗窘辱我。我欲殺之，為其功多，故不忍。」**

於是張良建議劉邦：**「今急先封雍齒以示臣，臣見雍齒封，則人人自堅矣。」**於是劉邦就準備了酒，封雍齒爲什方侯。

這樣一來，原本動搖不安的軍心，由於劉邦獎勵了他最討厭的人，所以大家就安心了。

由此可知，獎勵不僅有肯定部屬功勞的作用，如果運用得法，更可以安定整個組織，瓦解不必要的猜忌。

反過來說，對失職部屬的處罰，也很重要。

諸葛亮是三國時代輔佐劉備最大的功臣，他以一個文弱書生而能職掌軍國大計，很重要的原因，是他能做到眞正的賞罰分明，其中最有名的故事，是泣斬馬謖。

泣斬馬謖的故事是這樣的：建興六年，諸葛亮率領十餘萬北征軍前往祁山進攻魏軍，在要衝街亭指揮蜀軍先鋒部隊的，就是馬謖。馬謖是一位才器過人的年輕將軍，平時受到諸葛亮非常的重視愛護，但由於馬謖欠缺實戰經驗，因此諸葛亮指示馬謖，「一、不可輕敵；二、絕對不可在山上布陣；三、副將王平經驗豐富，一切決策必須要先和他商量。」

然而馬謖卻爲了顯露自己的本領，竟然不顧王平的反對和諸葛亮事先的提醒，斷然在險阻的山上布陣。

魏軍將領張郃看到蜀軍如此布陣，立即包圍整座山，並切斷蜀軍水源，蜀軍突破未果，全軍潰敗。諸葛亮見大勢已去，只好下令全軍撤退。

事後檢討，大家雖然可以預期馬謖必然受到處罰，但一來馬謖是諸葛亮極為寵愛的部屬，二來當時蜀軍非常缺乏優秀的將才，所以大家都沒有想到，諸葛亮決定的處罰，竟然是死刑。

雖然歷史上對諸葛亮泣斬馬謖的評斷不一，但一般公認，孔明之所以被認為是不世出的軍事領袖，是因為他能眞正貫徹「賞罰分明」的統帥立場，處罰有時比獎勵還困難，尤其是對自己喜歡的人或難得的人才，施予嚴厲的處罰，那更是非常困難。

除了賞罰分明，領袖也要深諳「因人施管」的道理

論語上有一個孔子教導學生非常有名的故事。

這個故事是這樣的：孔子的弟子冉有跑來問孔子，**「聞斯行諸？」**意思是說，聽到一件對的事就馬上去做，是不是這樣子？孔子告訴他，是的，聽到就

要馬上去做。

子路也問同樣的問題，**「聞斯行諸？」**孔子怎麼答覆他？

子路是孔子的學生裡個性最衝動的，他常常聽到什麼不中聽的話，就刀子拿起來要去和人家拚命，所以子路這樣問的時候，孔子的回答是，**「有父兄在，如之何其聞斯行之！」**意思是說，不管你聽到什麼、要什麼，都要先想想，有父母兄長在，你怎麼可以聽到什麼，就去做什麼；難道看到一個壞人，明知道有危險也就上去殺他嗎？不是的。

公西華就問孔子，爲什麼問同樣的問題，會有不同的答案？孔子說，**「求也退，故進之。」**冉有這個人，個性軟弱，做事猶豫不決，所以我跟他說聞之行諸，對的事情就趕快去做，不要拖拖拉拉。子路呢，**「由也兼人，故退之。」「兼人」**，就是一個人做兩個人的事，能力高強沒錯，但毛病就是做事太衝動，所以孔子要他三思而後行，這就是因人施管。

●事：貫徹始終

領袖的第五德「嚴」，這是一種要求。

但「嚴」不是一天到晚把部屬叫來罵，指責他這個沒做好那個不對等等。這不叫嚴，嚴是要因人施管、對不同的人用不同的方法，讓底下人達到我們希望的目的。

我在一九九八年二月和蔡志忠先生成立明日工作室，從事專業寫作的文化事業。我對每一本書的要求很高，哪個字寫得不好、空格對不對等等，通通要管，也常常爲了一個字或一個空格要求重印，爲什麼要這麼做？這就是嚴的態度——對事情要貫徹始終。

嚴的第二層意義，就是對事情要貫徹始終，要養成對事情貫徹始終的習慣。

嚴不是刻薄的對待別人，而是要把事情貫徹，要做好。知道什麼事情是對的，就要達到那個目標，這個字寫錯，你可以改對，就要把它改過來，一個字也不能弄錯，這是基本態度。

【五德的平衡】

否極泰來，物極必反。五德運用得宜，將事半功倍，達成最好的成就。但如果運用得太偏、太過，將造成反效果。

對外將敵之軍最忌智、信、仁、勇、嚴這五樣要求，做得太過份而反遭其害。

相同的，將領主帥對內部團體成員的王者之道的智、信、仁、勇、嚴也要五德平衡……

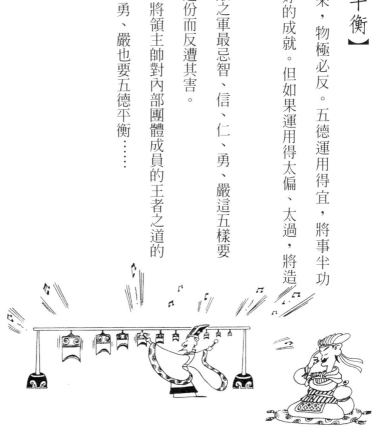

智、信、仁、勇、嚴是克敵制勝的方法。但如果用之太過，分際超越過度也將遭至負面的效果。

【專任智則賊】一味地相信自己事前的評估，對於自己的妙算太過自信，而未因應即時的敵情變化做有效的對應之策，便容易遭致失敗。

【固守信則愚】不會改變戰術，便是不智的戰術。一味地執行既定的作戰方法，而未因應現時變化去改變戰法，不智地被對方掌握自己的下一步行動，而身陷絕境。

【惟施仁則懦】只會防禦，不敢於進攻，就會更加懦弱，不敢向前。就像將勝負之權完全交給敵方，只能求不敗而無法求勝。

【純恃勇則暴】一味地只知進攻，不懂進退之法，易露出自己的破綻，只能顧頭而無暇顧尾，顧頭尾而無暇顧中間，便容易暴露出弱點，予敵方打敗自己的機會。

【一予嚴則殘】　一味地講求速度，不等後防部隊的接續，就急急深入敵人的要塞，容易被誘中計而被包圍殲滅。

【五德的平衡】

我們沿用孫子理論，講領袖的五德，智、信、仁、勇、嚴。但是這五德裡面，注意想一想，其實有一些相當矛盾的地方。例如，你對人家又要好又要嚴，這怎麼處理？以下就是五德的評判，要達到五德是各別項目達到比較容易，但如果要同時具備智、信、仁、勇、嚴，則必須有二十五個字你要記住，不然不容易做到。這二十五個字是：

專任智則賊、固守信則愚、惟施仁則懦、純恃勇則暴、一予嚴則殘。

●專任智則賊

專任智則賊：賊，是失敗、敗壞法度的意思。

一個人如果自以爲智慧很高，認爲什麼事都用智就可以解決，而對人家不好，既不仁、不勇也不法，那就很容易賣弄小聰明，因爲凡事都要想辦法，結果自然容易專斷、敗壞法度，而導致失敗。

●固守信則愚

信就是守信使人信服，但如果過份死守信用，變成說過的話完全沒有轉圜的餘地，那就把自己綁死了，就很容易被人家愚弄，也很容易被自己的話套住。

作爲一個領袖，不應該被自己的話套住，這當然是講起來容易，做起來不簡單。很多領導人物就是被自己的話套住，而沒有彈性。所以說，固守信則愚，就容易被別人愚弄。

●惟施仁則懦

惟施仁則懦，無論什麼事情，不重視智，也不重視信，不嚴格要求，也不講究法，而只是一味的對部下好，結果變成帶心不帶兵，這種是最糟糕的。領袖如果只會做老好人，屬下很容易爬到你頭頂上去，命令不能貫徹，所有要求的事情都被打折扣，主管做起事情來縮手縮腳的，所以說，惟施仁則懦。

●純恃勇則暴

和惟施仁則懦相反的是純恃勇則暴。

有些領袖的智慧不是很高，對部下也不好，但是他很敢衝，雖然有時候瞎貓碰到死老鼠而成功，但只是勇猛敢衝，而不講究方法和結合團體的力量。這樣的領袖，做事一定是會非常剛愎自用，而且對待屬下也一定不能體諒，長期下來，他自己個性容易變得暴躁，整個組織也會非常的不安。

●一予嚴則殘

一予嚴則殘，有些主管專攻嚴，其他都不行，但是只會對部下很嚴格，就是苛刻。苛刻的主管最容易失去整個團隊的向心力，員工也很容易在有機會的時候就離開。

將受君命帶兵出征必須擁有智、信、仁、勇、嚴五種能力。
兵法
智、信、仁、勇、嚴五德
分析判斷而做出對策的能力、執行戰術的能力、防禦使自己不敗的能力、
還有進攻致勝的能力，和掌握時效、制敵先機的能力。

第四章

領袖的工作4P

除了四P以外，一個領袖什麼都不能做。

一個領導者，不是每天拚命什麼都扛上來做，什麼都不讓別人做，這不是好的領導者。我把領袖分成四種類型：聰明而懶惰、不聰明而懶惰、聰明而勤快、不聰明而勤快。

身爲一個領袖，要有寬廣、無私和全投三心，要有智、信、仁、勇、嚴五德。有了三顆心、五德之後，領袖還是要在工作上實際有所表現。

一個領袖在團體要做什麼事情呢，領袖要做的工作有四P，四P就是Policy, People, Property和Public impression。

【Policy】

制定政策：核心專長（Core Competence）

應變決策：時間軸線，空間軸線。

第一個就是策略，Policy，一個領袖要制定政策，同時要能夠對決策有所應變。

有一次我到日本去，到了一個車站內的咖啡室，叫了一盤什錦水果，有西瓜、香瓜、木瓜、奇異果，四樣都很好吃，吃完之後，因爲那時候我在日本住了很久，特別想吃西瓜，就跟小姐講，請她再給我一盤全部是西瓜的，沒想到我話才講完，那位小姐的臉就綠了，因爲菜單上面沒有，我說這簡單啊，就切一份都是西瓜的不就好了嗎？

沒想到，她還是說沒辦法，我有點不高興了，只好叫她請經理來一下，經理出來了，問題應該就可以解決了吧，沒想到，還是不行。他說，我們公司的政策就是這樣，所以我沒有辦法賣給你一盤全部都是西瓜的水果，我說，那我付四盤的錢，你給我切一盤西瓜來，他才終於答應進去弄，結果呢，這一弄弄了十五分鐘，那經理兩手空空的跑出來，給我一個九十度的鞠躬，說實在做不到。

不要以爲這個故事很荒謬，很多公司其實都是這樣。很多人弄不清楚什麼叫做策略，什麼叫原則。原則是對裡面的要求，策略是對客戶的期望，我們不能要求客戶說一定要在什麼時候來做什麼事，我們只能期望。

制定政策只是對外的期望，而不是對外的要求。政策的制定，是根據你的核心專長技術，我很會做什錦水果，策略就是我就去賣什錦水果，但是你要能應變決策，當顧客只需要一種水果，而你也可以只賣一種的時候，你就必須滿足顧客的要求。所以你要根據時間軸線、空間軸線加以變通，這就是領袖的第一個工作，要制定政策，應變決策。

【People】

人才裝配

人才能量：德、才、能、拚、群

第二個P就是要做人才裝配，人才的能量不同，所以要有適當的裝配與調整。

上班族是現代社會形態中，極重要的族群，而《前途》是市面上少數專門講員工與公司之關係的書，在其中我講到人才的能量分爲五種，就是德、才、能、拚、群。

德是誠實、敬業、投入，才則是前面說過的三種語言、四大技術，能是貫徹到底、解決問題的能力，拚是要有拚命工作的精神，做得愈多，學得愈多，群，就是與人合作、訊息共享、集體學習。

人才的能量就是根據這五個項目來衡量的，品德、知識、能力、努力程度與合群狀況。大部分的人都會成長，有人進公司第一年不是很合群，第二年之後人緣變得很好，這就是他的能量，他在合群的向度提高，本來他不適合當管理人員，現在可以了，就要做適合的調配。

沒有人是不適合改變的，石滋宜博士曾經說：世界上只有一種人是不需要改變的，就是死掉的人，因爲它已經像蟲子一樣僵化，然後開始腐爛，這種人是不需要改變的，其他人都是可以改變的。

人才能量改變了，主管就要把適當的人調到適當的位置，這是領袖的第二個工作。

【Property】

資產管理

五大資產：財務、人、信用、資訊、智慧

領袖的第三個工作，就是資產的管理。

一個領袖最重要的任務，不是拚命做他拿手的事情，而是要管理。管理一個公司或組織，重要的是把五個主要資產好好的管理。

任何一個公司，都有五個主要的資產：財務資產、人資產、對外的信用資產、資訊資產（如客戶的名單）和智慧資產（版權、專利）。怎麼樣管理你所領導的公司的五大資產，這是一個很重要的概念。領袖除了制定政策，做人才調配外，就是要做好資產的管理。

管理資產才是領袖應該做的事。

有些人當了領袖之後，因爲他以前是做銷售的，就拚命去搞銷售，以前做技術的就拚命去搞技術，這都不對，領袖的工作，就是要好好看看公司的財務狀況、人的狀況、公司的信用有沒有做到適當的保護，還有公司的資訊是不是暢通、機密有沒有外洩、智慧財產權有沒有增加等等，這樣的資產管理，才能使你完全掌握整個公司的狀況。

【Public Impression】

代表團體建立公眾形象

最後一個P就是Public Impression，一個領袖必須代表團體建立公眾形象。今天我們出席一個場合，他們請我們來講話，我們講得好與不好，人家就覺得我們工作好與不好。領袖的一言一行都代表了他所領導的團體，所以一個領袖的工作就是要做好公眾形象。

有的領導者在內部的管理上都做得很好，就是不會和外面的人打交道，不然就是打扮得很邋遢，說話很隨便等等。這樣會使你的組織形象受損。

【除了四P，什麼都不能做】

除了四P以外，一個領袖什麼都不能做。

一個領導者，不是每天拚命什麼都扛上來做，什麼都不讓別人做，這不是好的領導者。我把領袖分成四種類型：**聰明而懶惰、不聰明而懶惰、聰明而勤快、不聰明而勤快**

●聰明而懶惰

舉秋毫不為多力，見日月不為明目，聞雷霆不為聰耳。古之所謂善戰者，勝易勝者也。故善戰者之勝也，無智名，無勇功，故其戰勝不貳——不貳者，其所措必勝，勝已敗者也。

——《孫子　卷四．形篇》

能夠舉起秋天剛換新的禽獸毫毛的，不能算是孔武有力；能看見太陽、月亮的，不能稱之為眼力好；能聽見雷聲的，不能誇他為聽力佳……

自古以來所謂善於用兵打戰的人，他們只是去打個必勝之戰，像上班族在執行自己的工作一樣，乍看十分容易而且必然。

他們不會讓人覺得了不起，或是有智慧，或是很勇敢。他們出兵取勝是必然的結果，為什麼一定致勝呢？因為他們只是去打一場簡單必勝之戰而已。

我的一個朋友很有智慧，他說，世界上最好的領袖，是聰明而懶惰的領導者。

在《孫子兵法》裡面有一句話，我過去也不太懂，最近才悟出來。這句話是：**「古之所謂善戰者，勝于易勝者也；故善戰者之勝也，無智名，無勇功。」**意思是說，古代善戰的人，在容易勝利的地方勝利，因此他的勝利，沒有智慧的名聲，也沒有勇敢的功勞。

以此看來，所謂的大將、名將，在孫子眼中都不是善戰者，爲什麼這樣？因爲善戰者**「勝于易勝者也」**，眞正善戰的人，是找對方弱點一下就把對方幹掉，所以他不會得到智慧的名聲、勇敢的功勞，因此他不是一般世俗所謂的名將。一般的名將、大將是「一將功成萬骨枯」，常常要經歷許多慘烈的戰爭和重大的傷亡，才會贏得名將的美稱。

郝明義先生在《工作DNA》這本書中，有一篇文章講到名將戚繼光的故事：明朝末年，戚繼光原本在東南沿海抵抗倭寇，由於治軍嚴謹、兵法高明，倭寇之患很快就平息了，因此被朝廷調到北方對付蒙古。他一次就把蒙古人的問題徹底解決了，十數年間，北方不再有蒙古的困擾。

當時，有一個將軍李成梁比戚繼光更有名，鎮守遼東對付女眞，他的策略是始終不完全消滅敵人，結果是邊疆戰爭不斷，李成梁自己也因長年戰功而位居明朝最高的官位，是當時最有威望的名將。相對之下，戚繼光因爲十數年間都沒有戰功，反而被認爲「不宜於北」而被貶調廣東。

眞正善戰的人，知道對方的弱點，可以一下就把他打垮，這才是善戰。和李成梁比起來，戚繼光才是眞正的善戰者，雖然當時他沒有得到皇帝正確的賞賜，但歷史證明，他才是明朝眞正的功臣。

一個好的領袖之所以是聰明而懶惰，就是他從最容易得勝的地方下手，一下就把對方打敗了。

●不聰明而懶惰

第二種好的領袖是不聰明而懶惰，我也贊成這種說法。領袖不一定要是最聰明、能力最強的人，只要領袖有寬廣的心，能夠授權讓別人去做，事情一樣可以完成。

一九一〇年代，美國鋼鐵大王卡內基聘請了一位不懂財務、不懂鋼鐵製造、也不懂行銷的人當總經理，年薪是五十萬美金，當時大家都很納悶，那個人既然什麼都不懂，卡內基爲什麼用那樣的高薪聘請他來當總經理，他究竟有什麼能耐呢？

原來，這位總經理每天就只做一件事：他不斷請各部門的人員來開會，請他們就自己負責的工作提出看法，然後，在大家都熱烈的發表意見之後，他就問一個問題：「還有沒有更好的方法？」可以想像，這句話問出來之後，大家自然而然就繼續探討更好的方法，因而產生了許許多多以前從來沒有想到的創意，並發現事情果然是可以做得更好，辦事情的效率也就自然提高許多。

漢高祖劉邦的開國功臣蕭何建立了良好的典章制度，繼任的曹參對蕭何所制定的制度完全沒有更改，比起蕭何來，似乎是一個沒有什麼建樹的宰相，然而《文選》評論此事時，把曹參的功勞和「**留侯畫策，陳平出奇**」相提並論，認爲都是「**功若泰山**」的事。

很多政治上高明的領導者，都是不聰明而懶惰的，從一般人的眼光來看，他好像《呆伯特法則》裡面的主管，明明什麼都不會，偏偏官運好像特別亨通。其實他是第二種優秀的領袖，他不聰明但是他很懶，他都讓別人去搶功勞，所以大家就把他拱上去。

●聰明又勤快

第三種人當然就是聰明又勤快，自己很厲害，什麼事都自己去做，但一個人一天只有二十四小時，他再厲害，也不能比別人多一分鐘。

拿破崙最大的缺點是百戰百勝卻不能同時出現在兩個戰場。

●不聰明又很勤快

還有一種領袖也很常見，就是不聰明又很勤快的，這是最差的領袖，老是很勤勞的做錯事，讓下面的人每天忙著幫他補破網。

第五章

領袖如何
面對問題和困難

解決問題是領袖的工作，而且，越是無法解決的困難，最後都需要領袖去面對和克服。
面對困難和問題的時候，首先我們有的態度是，沒有問題是不能解決的。

做爲一個領袖，最常要處理的事情，可能就是解決問題。

從解決困難的角度來看，領袖可以說是一個組織中，回答最後一個問題的那個人。

也就是說，解決問題是領袖的工作，而且，越是無法解決的困難，最後都需要領袖去面對和克服。

面對困難和問題時，首先我們要有的態度是，沒有問題是不能解決的。

【問題與困難】

什麼叫做困難？困難和問題有什麼不同？

困難有三種情況，第一是料想不到，忽然出現了沒有預料到的問題，因此你要去解決。

圍。

第二是承受不起，比如忽然間別人要你還一千萬，超出了你原先的能力範圍。

第三個是解決不了，當問題是料想不到、承受不起、解決不了的時候，這才是困難。

有了困難以後，如何去解決克服呢？

克服困難的步驟是：**到現場、理結、專注、死中求勝、險中求活、宿命的信念。**

【克服困難的步驟】

●到現場

困難發生的時候，第一就是要到現場去，很多時候，我們聽到的報告都是經過許多的傳播，也許是故意的扭曲，也許無意的誤解。總之，都會讓你對事情的判斷產生誤差，現場實況是要親臨其地才能感受到的，所以碰到困難第一就是到現場去。

●理結

到了現場之後，就是第二個步驟「理結」，理出頭緒，理出問題在哪裡。解決困難時很容易出現使事情更加複雜的狀況，而使問題更加困難，碰到這種情形，是很困擾的，因此重點在理出問題的徵結，這樣才能突破困境。

●專注

然後，第三個就是專注，很專心在這段時間裡，其他什麼都不想，集中精神去解決。專心是處理事情的必要條件，解決困難的時候，更需要如此，不要被多餘的情緒所困擾，被不必要的人情包圍，這樣才能快速解決困難。

●死中求活、險中求勝

解決困難的第四個步驟是，死中求活、險中求勝。就是從重重困難中殺出一條血路。當遇到問題和困難的時候，要從最壞的地方去想，從最好的地方去做。

以前我們工廠曾經發生產量過低的嚴重狀況，工廠裡面的壓力非常大，大到有一天我們的製造部經理跟我談到，如果這批貨不如期交貨，我們公司會受到很大的影響。那時，他一邊講、一邊發抖，抖到後來，他就突然衝出去，許多同事看到了很緊張，在後面一直追都追不上。

那時，我並沒有緊張，因爲我自己也當過製造部經理，完全可以了解那種壓力。等到下午四、五點時，他回來了，他很不好意思，我當時也沒有講什麼話，只是指著對面蓋房子的臨時竹梯說：「我們所做的事沒有生命危險。」他看了我一眼，點點頭，我們彼此會心一笑，都知道對方心裡在想什麼。

當時，蓋房子不像現在那麼進步，挑磚塊、搬水泥的人就是走在那些臨時搭的梯子上面，如果不小心就會掉下去，隨時有生命的危險。但是我們做廠長、做製造部經理的，雖然碰到困難了，但不會有生命危險，所以不必有那麼大的壓力。

任何事情都從最壞的地方去想，這公司會不會倒閉，我會不會被抓去關等等，如果這些問題都不存在，那麼你就會比較平靜了，處理事情自然就可以從最好的地方去做。

一九八七年，索羅斯認爲全世界的金融市場會出現重大的挫折，他判斷日本股票市場會先崩盤，然後才是美國，但出乎意料的是，股災卻從美國開始，而他原先放空的日本股市卻走高，使他的投資受到重創，一般人碰到這種情形，一定是想辦法翻本，索羅斯則立刻認賠出場，他說：「如果要總結我的投資原則，那就是：存活」。認清楚最壞的狀況，然後從最好的地方著手，困難即使無法完全克服，但卻可以從失敗中獲得成功的轉機。

●宿命的信念

第五個步驟是最重要的，要有一個宿命的信念。

要相信這世界上沒有不能解決的問題，要相信這世界上每個問題都有答案，每個困難都有解決的時候，歷史上發生過那麼多恐怖的事，但是這個世界還存在，所以我們要樂觀，要相信沒有不能解決的問題。有這個信念，就能克服困難。

曾經有一位很有名的心理醫師，他的病人都是一些掌握權力、財富驚人的大官、企業家，那些人在碰到困難，不能解決，覺得無法承受的時候，就會跑來向這位心理醫師求救，而這位心理醫師總是很快可以消除他們的困擾與壓力。他是怎麼做到的？

原來，碰到病人極端沮喪，或壓力太大而瀕臨崩潰的時候，他就帶著病人開車出去，到一個墓園裡去走走，那個墓園有著優美的環境與安靜的氣氛，身處那樣的環境，很自然就感到一種平靜，然後，這位高明的心理醫師這樣告訴他們：「許多偉大的政治領袖、不可一世的領導者，都在這裡永遠的休息了，他們曾經遇到許多困難、面臨許多龐大的壓力，以爲屬於他的一切都要結束了，然而，當時間過去，當他們自己都不存在了，這個世界仍然存在，仍然繼續的運行，任何的困難與壓力都不會毀滅世界，只有自己的壓力會毀滅自己。」

從這個故事我們可以了解，相信沒有什麼困難是不能解決的宿命的信念，是多麼多麼的重要。

世界上每一件事情都可以解決，但這需要你的判斷和決策，看你要不要挑戰困難，如果不要挑戰你不能克服的東西，那也是避免困難的一個辦法。如何判斷與決策，這就要從理論與經驗結合，處理人事物都要這樣。

身爲一個領袖，四個Ｐ一定要去做，這不是強迫，而是因爲這是領袖的工作。

也許有人會說，老子不是主張「無爲而治」嗎？但是我們要了解，一個領袖要做到「無爲而治」，必須有很多條件配合，也就是說，無爲而治是一個完成的目標，而不是一開始就採取的手段。

我想這個世界上眞正能做到無爲而治的領袖並不多，領袖總是最忙的那個人，因爲有很多事情需要他來處理。

事實上，對一個領袖來說，強迫自己不去做底下人都會做的事，那才是最困難的。

因爲一個領導人的權力很大，人家會做的事情搶去做這比較容易，但這樣一來別人就不敢做了。眞正領袖的挑戰是在四P以外都不去做，你才能專注，才能去做領袖應該做的事。我們常看到許多單位領袖只挑最喜歡、最專長的事做，而不是做他應該做的事，這是不對的。

【成功哲學與成功者哲學】

追求成功，可以說是每一個人的基本心願，也因此，大家都在尋找和追求成功的方法。

我習慣一年看三百本書，曾經看到一本書，非常有意思，那本書主張，不要去看太多成功的故事，因爲看了那些故事，會讓人以爲事情很容易，事實上，很多成功故事中所講的道理，都屬於「成功者哲學」，成功哲學與成功者哲學不一樣。

很多人根據他的經驗，而擬出一個成功者邏輯，他把個案變成一個邏輯，指導讀者如何邁向成功，但他忘了他自己的條件和讀者的條件是不一樣的，成功的邏輯與成功者的邏輯不同。看了那本書之後，我深有感觸，就不再要花那麼多時間，研讀人家成功的故事或尋找特別的方法了。

我個人長年經營企業，研讀各種理論和實務書籍，後來發現，管理不外乎管理人、財產、物品、資訊和時間。任何人能夠悟出管理上最底層的道理，就不再需要讀這個讀那個，不需要期望什麼特別的法則，因爲領袖最主要的任務，都是要把人、財、物、資、時間管好。

也許有人會問，爲什麼我把領袖的道理講得這麼簡單？

因爲我們直指問題的核心，老子說眞正的智者是**「不出戶，知天下；不窺牖，見天道」**，不去窗戶那邊看，就可以知道天道的運行，爲什麼可以這樣，道理也很簡單：他直指問題的核心，不在工具上打轉。

我們這個世界，是一個資訊太多而知識卻太少的世界，就像老子說的，**「五色令人目盲；五音令人耳聾；五味令人口爽」**，我們經常會發現，讀書越多，知識卻越少，原因之一是，許多人在問題跟答案之間擋了很多的工具，這些工具本來是幫助你找到答案的，可是人們卻花了太多時間在工具上面，反而不知道問題的答案。

比如我們談領袖，有人認爲領袖有其特殊的人格模式和特別的才能，甚至超乎常人的價值觀與道德觀等等，像曹操曾經昭告天下說，不管一個人的品格道德如何，只要他有才能，就可以重用他，結果，曹操就被批評是亂世的梟雄。但是，我們如果用現在的眼光看，三國時代的許多價值標準是很荒謬的，也就是說，曹操其實只是一個敢於發掘人才的領袖，這和他的性格、道德標準如何，其實是不相干的。

如同本書一開始所說的，非人人可以成爲領袖，領袖也非難逢的奇才，只要具備三心、五德、四P，十二個條件，那麼，你就可以成爲稱職的領袖。

我們期待，在我們社會中的各行各業，能夠不斷出現許多好的領袖。

結語

領袖除了要3頭18臂的能力之外，
還要有顆慈悲心。
但要明白慈悲，也得先要本身有
能力，才慈悲得起……

END

領袖，像似一個擁有3頭18臂的準提觀音，除了要能擁有三心、五德、四P的多種多樣性的能力之外…還要擁有一顆慈悲心。

慈是給予別人快樂；悲是替別人解決痛苦，這需要有很強的能力。就算只是慈悲心，也都需要有能力，才慈悲得起來。

如果，你擁有這些能力，你便是上好的領袖人才。

為何當一個領袖需要擁有這麼多的能力呢？因為，你正像似一個印度的濕婆神手中所執的，是決定一個團體的創生與毀滅的法器，為團體裡所有的成長跳著濕婆的生死之舞。

國家圖書館出版品預行編目資料

領袖 ／ 溫世仁著；蔡志忠繪圖；侯吉諒整編.
--初版.-- 臺北市：大塊文化，1999［民 88］
面；　公分. -- (心觀念tomorrow；6)
ISBN 957-8468-72-5 (平裝)

1.領導論

541.776　　　　88001024

117 台北市羅斯福路六段142巷20弄2-3號

廣　告　回　信
台灣北區郵政管理局登記證
北台字第10227號

大塊文化出版股份有限公司　收

地址：＿＿市／縣＿＿鄉／鎮／市／區＿＿＿路／街＿＿段＿＿巷

＿＿弄＿＿號＿＿樓

姓名：

大塊 LOCUS 文化

編號：TM 06　　書名：領袖

請沿虛線撕下後對折裝訂寄回，謝謝！

讀者回函卡

謝謝您購買這本書，爲了加強對您的服務，請您詳細填寫本卡各欄，寄回大塊出版（免附回郵）即可不定期收到本公司最新的出版資訊，並享受我們提供的各種優待。

姓名：＿＿＿＿＿＿＿＿＿＿ **身分證字號**：＿＿＿＿＿＿＿＿

住址：＿＿＿＿＿＿＿＿＿＿＿＿＿＿＿＿＿＿＿＿

聯絡電話：(O)＿＿＿＿＿＿＿＿＿＿ (H)＿＿＿＿＿＿＿＿

出生日期：＿＿＿＿年＿＿＿月＿＿＿日

學歷：1.□高中及高中以下 2.□專科與大學 3.□研究所以上

職業：1.□學生 2.□資訊業 3.□工 4.□商 5.□服務業 6.□軍警公教
7.□自由業及專業 8.□其他＿＿＿＿

從何處得知本書：1.□逛書店 2.□報紙廣告 3.□雜誌廣告 4.□新聞報導
5.□親友介紹 6.□公車廣告 7.□廣播節目8.□書訊 9.□廣告信函
10.□其他＿＿＿＿＿

您購買過我們那些系列的書：
1.□Touch系列 2.□Mark系列 3.□Smile系列 4.□catch系列

閱讀嗜好：
1.□財經 2.□企管 3.□心理 4.□勵志 5.□社會人文 6.□自然科學
7.□傳記 8.□音樂藝術 9.□文學 10.□保健 11.□漫畫 12.□其他＿＿＿＿＿

對我們的建議：＿＿＿＿＿＿＿＿＿＿＿＿＿＿＿＿

＿＿＿＿＿＿＿＿＿＿＿＿＿＿＿＿＿＿＿＿＿＿＿＿

＿＿＿＿＿＿＿＿＿＿＿＿＿＿＿＿＿＿＿＿＿＿＿＿

LOCUS

LOCUS